mokykla - sukuu	2
kelionė - akwantuo	5
transportas - ɛhyɛn	8
miestas - kuropɔn	10
kraštovaizdis - asaase	14
restoranas - adidibea	17
prekybos centras - dwakɛseɛmu	20
gėrimai - nsa	22
maistas - aduane	23
ūkininko ūkis - afuo	27
namas - efie	31
svetainė - ɛdan a wɔtena mu	33
virtuvė - gyaade	35
vonios kambarys - adwareɛ	38
vaiko kambarys - abɔfra dan mu	42
drabužis - ataadeɛ	44
biuras - ɔfise	49
ekonomika - sikasem	51
profesijos - nnwuma ahodoɔ	53
įrankiai - akadeɛ	56
muzikos instrumentai - mfidie a wɔde bɔ nnwom	57
zoologijos sodas - mmoakurabea	59
sportas - agokansie	62
užsiėmimai - dwumadie ahodoɔ	63
šeima - abusua	67
kūnas - nipadua	68
ligoninė - asopiti	72
nelaimingas atsitikimas - putupru	76
Žemė - Ewiase	77
laikrodis - mmerɛ kyerɛfoɔ	79
savaitė - nnawɔtwe	80
metai - afe	81
formos - bɔbea	83
spalvos - ahosuo	84
priešingos reikšmės žodžiai - abirabɔ	85
skaičiai - nɔma	88
kalbos - kasa ahodoɔ	90
kas / ką / kaip - hwan/aden/ sɛn	91
kur - hefa	92

Impressum
Verlag: BABADADA GmbH, Nedderfeld 112 , 22529 Hamburg
Geschäftsführer / Verlagsleitung: Harald Hof
Druck: Books on Demand GmbH, In de Tarpen 42, 22848 Norderstedt

Imprint
Publisher: BABADADA GmbH, Nedderfeld 112 , 22529 Hamburg, Germany
Managing Director / Publishing direction: Harald Hof
Print: Books on Demand GmbH, In de Tarpen 42, 22848 Norderstedt

mokykla
sukuu

klasė
adesua dan mu

dalinti
kyɛmu

lenta
bɔɔdo

mokyklos kiemas
sukuu asaase

mokytojas
ɔkyerɛkyerɛni

popierius
krataa

rašyti
twerɛ

rašiklis
twerɛdua

rašomasis stalas
pono

liniuotė
susudua

knyga
nwoma

mokinys
sukuuni

kuprinė

baage

penalas

adeɛ wɔde twerɛdua hyɛ mu

pieštukas

twerɛdua

drožtukas

adea wɔde sensene
twerɛdua ano

trintukas

rɔba

piešimo bloknotas

drɔɔwin nkrataa

piešinys
drɔɔwin

teptukas
adeɛ a wɔde bɔ akaadoo mu

dažų dėžutė
akaadoo adaka

žirklės
apasoɔ

klijai
aduro a wɔde sɔ nnooma bɔ mu

vadovėlis
krataa wɔyɛ dwumadie wɔ mu

namų darbai
efie adwuma

numeris
nɔma

pridėti
ka bom

atimti
te frim

dauginti
fabaho

skaičiuoti
bo ho nkonta

raidė
atwerɛdeɛ

abėcėlė
atwerɛdeɛ

žodis
asɛm

mokykla - sukuu

tekstas
atwerɛ

skaityti
kan

kreida
chalk

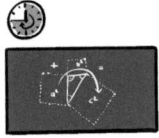
pamoka
adesua

dienynas
krataa a din ahodoɔ wɔ mu

egzaminas
nsɔhwɛ

pažymėjimas
nimdeɛ krataa

mokyklinė uniforma
sukuu ataadeɛ

išsilavinimas
adesua

enciklopedija
encyclopedia

universitetas
suapon kɛseɛ

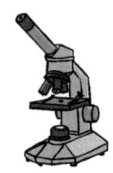
mikroskopas
afidie a wɔde hwɛ adeɛ aniwa ntumi nhunu

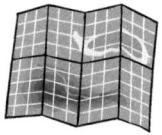
žemėlapis
asaase mfonin a ɛwɔ krataa so

šiukšliadėžė
kɛntɛn a wɔde krataa na ayɛ a wɔde nwura gu mu

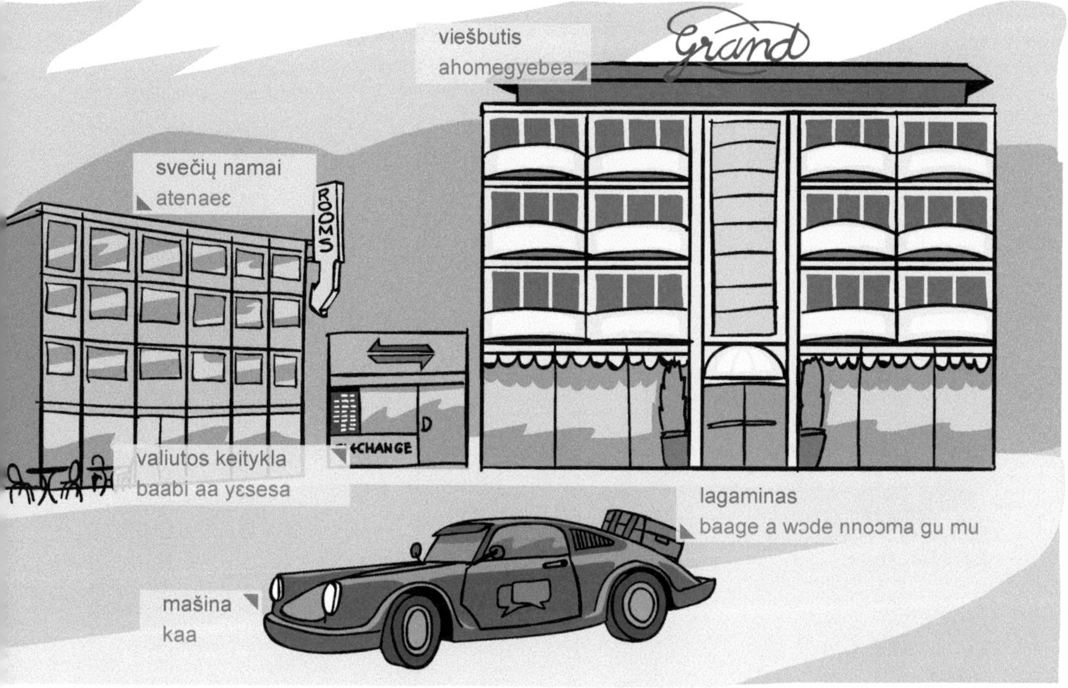

kelionė
akwantuo

viešbutis
ahomegyebea

svečių namai
atenaeɛ

valiutos keitykla
baabi aa yɛsesa

lagaminas
baage a wɔde nnooma gu mu

mašina
kaa

kalba
kasa

taip / ne
aane / daabi

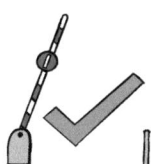

Gerai
Yoo

sveiki
hɛlo

vertėjas raštu
deɛ wɔkyerɛkyerɛ kasa ase

Ačiū
Medaase

kelionė - akwantuo

kiek kainuoja...?
... ɛyɛ sɛn?

aš nesuprantu
Menteaseɛ

problema
ɔhaw

Labas vakaras!
Maadwo!

Labas rytas!
Maakye!

Labos nakties!
Da yie!

viso gero
nante yie

kryptis
akwankyerɛ

bagažas
nnɔɔma a wɔde tu kwan

krepšys
kɔtɔkuo

kuprinė
baage a yɛde bɔ yakyi

svečias
ɔhɔhoɔ

kambarys
danmu

miegmaišis
bag a yɛda mu

palapinė
ntomadan

kelionė - akwantuo

turizmo informacija
adesrafoɔ nsɛm

paplūdimys
po ano

kreditinė kortelė
krɛdit kaade

pusryčiai
anopa aduane

pietūs
awia aduane

vakarienė
anwumerɛ aduane

bilietas
tikiti

liftas
pagya

pašto ženklas
agyinahyɛdeɛ

siena
ɛhyeɛ

muitinė
adwumayɛfoɔ a wɔgyina aman mmienu hyeɛ so

ambasada
ɔman bi asoeɛ

viza
akwantuo krataa

pasas
akwantuo krataa

kelionė - akwantuo

transportas
ɛhyɛn

lėktuvas
ɛwiemhyɛn

laivas
suhyɛn

gaisrinė mašina
afidie wɔde dum gya

autobusas
bɔs

sunkvežimis
ɛhyɛn

motorinė valtis
motoboto

motociklas
dadepɔnkɔ

mašina
kaa

keltas
subonto

valtis
suhyɛn

mopedas
dadepɔnkɔ

policijos automobilis
apolisifoɔ kaa

lenktyninis automobilis
kaa a wɔde si akan

nuomojamas automobilis
hyɛn aa yɛ hain

transportas - ɛhyɛn

bendras automobilio
naudojimas
kaa a wɔde ma obi de di
dwuma

techninės pagalbos
automobilis
kaa a wɔde twe ɛhyɛn a
asɛe

šiukšliavežė
bɔɔla kaa

variklis
moto

degalai
ngo

degalinė
beaɛ a wɔtɔn pɛtro

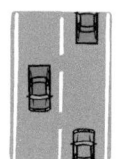

kelio ženklas
trafik ahyɛnsodeɛ

eismas
trafik

eismo spūstis
ɛhyɛn ntumi nkɔ ntɛm

mašinų stovėjimo aikštelė
kaa gyinabea

traukinių stotis
keteke steshin

bėgiai
ketekye kwan

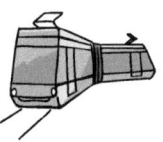

traukinys
ketekye

tramvajus
ketekye

vagonas
afidie a wɔtena mu wɔ wiem
tu kwan

transportas - ɛhyɛn

sraigtasparnis	oro uostas	bokštas
ewiemhyɛn	dadeɛanoma gyinabea	dan tentene

 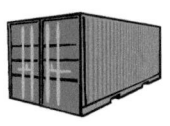 

keleivis	konteineris	dėžė
obi a wɔforo hyɛn	adaka	adaka

  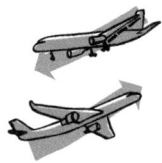

vežimėlis	krepšys	pakilti / nusileisti
teaseɛnam	kɛntɛn	tu / si fam

miestas
kuropɔn

kaimas	miesto centras	namas
akurase	kuropɔn hyiabea	efie

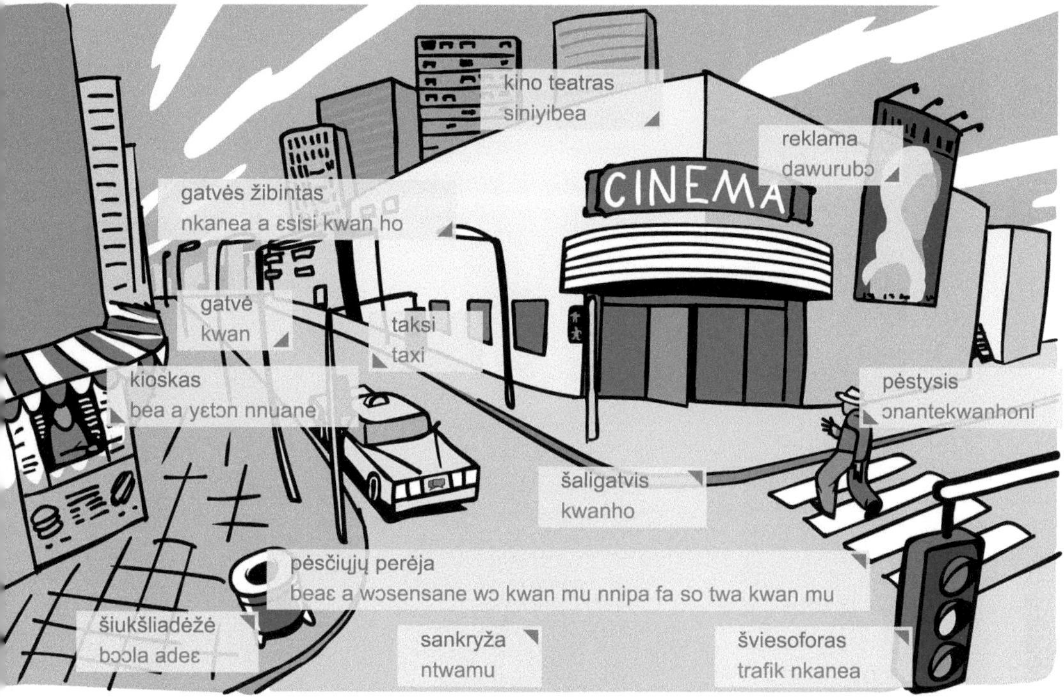

kino teatras
siniyibea

reklama
dawurubɔ

gatvės žibintas
nkanea a ɛsisi kwan ho

gatvė
kwan

taksi
taxi

kioskas
bea a yɛtɔn nnuane

pėstysis
ɔnantekwanhoni

šaligatvis
kwanho

pėsčiųjų perėja
beaɛ a wɔsensane wɔ kwan mu nnipa fa so twa kwan mu

šiukšliadėžė
bɔɔla adeɛ

sankryža
ntwamu

šviesoforas
trafik nkanea

trobelė
ntaabodan

butas
tenabea

traukinių stotis
keteke steshin

rotušė
kurom nhyiadanmu

muziejus
mesiɔm

mokykla
sukuu

miestas - kuropɔn

universitetas
suapon kɛseɛ

bankas
sikakorabea

ligoninė
asopiti

viešbutis
ahomegyebea

vaistinė
beaɛ a wɔtɔn nnuro

biuras
ɔfise

knygynas
beaɛ a wɔtɔn nwoma

parduotuvė
beaɛ a wɔtɔn adeɛ

gėlių parduotuvė
nhwiren kuani

prekybos centras
dwakɛseɛmu

turgus
dwamu

universalinė parduotuvė
asoeɛ sotɔɔ

žuvies parduotuvė
nnam tɔnfo

prekybos centras
adetɔ beae

uostas
suhyɛn gyinabea

miestas - kuropɔn

parkas
agodibea

suoliukas
akonnwa

tiltas
nsamsɔɔ

laiptai
adeɛ wɔee foro aborosan

metro
asaasease

tunelis
tɔkuro a w'atu no asaase
mu de ayɛ kwan

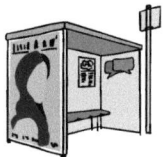

autobusų stotelė
ɛhyɛn gyinabea

baras
nsanombea

restoranas
adidibea

lauko pašto dėžutė
krataa adaka

kelio ženklas
kwan ahyɛnsodeɛ

parkomatas
kaagyinaho meta

zoologijos sodas
mmoakurabea

baseinas
nsuo a wɔdware mu

mečetė
masalakyi

miestas - kuropɔn

ūkininko ūkis
afuo

tarša
ewiem sɛeɛ

kapinės
nsamanpɔ mu

bažnyčia
asore

žaidimų aikštelė
agodibea

šventykla
hyiadan

kraštovaizdis
asaase

- lapas — ahaban
- kelio rodyklė — akyerɛkyerɛkwan
- kelias — kwan
- pieva — sare asaase
- akmuo — boba
- medis — dua
- ėjikas — pipo so foronii
- upė — asubɔntene
- žolė — nsensan
- gėlė — nhwiren

slėnis
ɛbon

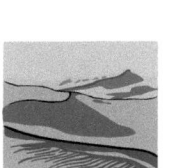

kalva
bepɔ

ežeras
sutadeɛ

miškas
kwaeɛ

dykuma
ɛserɛ so

ugnikalnis
egya a ɛfiri bepɔ mu ba

pilis
ahenfie

vaivorykštė
nyankontɔn

grybas
mmire

palmė
abɛdua

uodas
ntontom

musė
wasena

skruzdėlė
ntatea

bitė
wowa

voras
ananse

kraštovaizdis - asaase 15

vabalas
kukurubibi

varlė
apɔnkyerɛnee

voverė
opuro

ežys
kotoko

kiškis
adanko

pelėda
patuo

paukštis
anomaa

gulbė
dabodabo

šernas
kɔkɔte

elnias
wansane

briedis
torɔm

užtvanka
sutadeɛ

vėjo jėgainė
mframa tɛɛbain

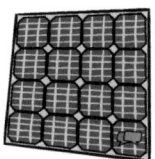

saulės baterija
adeɛ ɛtwe anyinam ahoden
firi awia mu

klimatas
ewiem

kraštovaizdis - asaase

restoranas
adidibea

padavėjas
barima a wɔsom wɔ beaɛ a wotɔn aduane

meniu
aduane ahodoɔ wotɔn

kėdė
akonwa

pica
pizza

sriuba
nkwan

staltiesė
ntoma a wɔde kata ɛpono so

stalo įrankiai
atere ne nsikan a wɔde didie

užkandis
ahyɛaseɛ

pagrindinis patiekalas
aduane titriw

desertas
nnɔkɔnnɔkwade

gėrimai
nsa

maistas
aduane

butelis
toa

greitai pateikiamas maistas
aduane wɔyɛ no ɔhare so

gatvės maistas
aduana a ɛyɛ kwan ho

arbatinukas
tea kukuo

cukrinė
asikyire kyɛnsen

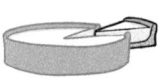
porcija
fa

espreso aparatas
espresso afidie

aukšta kėdė
akonwa tenten

sąskaita
ka krataa

padėklas
apanpan

peilis
sikanmoa

šakutė
adinam

šaukštas
atere

arbatinis šaukštelis
tea atere

servetėlė
ntoma a wɔde sɛ pono so

stiklinė
ahwehwɛ

restoranas - adidibea

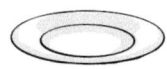  

lėkštė	sriubos lėkštė	padėklas
plɛɛte	nkwan plɛɛte	plɛte ketewa

padažas	druskinė	pipirų malūnėlis
frɔyɛ	nkyene kukuo	adeɛ a wɔde twi mako

 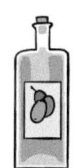 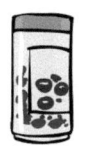 

actas	aliejus	prieskoniai
vinegar	anwa	atosodeɛ

kečupas	garstyčios	majonezas
ketchup	sinapi aba	mayonis

restoranas - adidibea

prekybos centras
dwakɛseɛmu

specialus pasiūlymas
akwanya soronko

pirkėjas
obi a wɔtɔ wadeɛ

pieno produktai
milikyi nnuane

vaisiai
nnuaba

tɔ adeɛ pia berɛ a wɔretɔ adeɛ

mėsos parduotuvė
nnamtwafo

kepykla
brodotofo

sverti
susu

daržovės
atosodeɛ

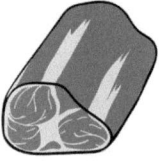

mėsa
nnam

šaldytas maistas
aduane a wɔde ahyɛ
sukɔtwea adaka mu

prekybos centras - dwakɛseɛmu

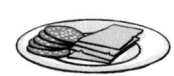

šalti mėsos užkandžiai

nnam a yɛy nwunu

konservai

nnuane a ɛwɔ konku mu

skalbimo milteliai

aduro a wɔde si nnɔɔma

saldumynai

adɔkɔkɔdɔkɔdeɛ

ūkinės prekės

efie nnɔɔma

valymo priemonės

nnuro a wɔde hohoro nnɔɔma ho

pardavėja

adetɔni

kasos aparatas

adeɛ a wɔgye sika de gu mu

kasininkas

obi a wɔhwɛ sika so

pirkinių sąrašas

nnɔɔma a wobɛtɔ

darbo valandos

mmerɛ a ɔmo de bue

piniginė

kotokuo

kreditinė kortelė

krɛdit kaade

maišelis

bɔtɔ

plastikinis maišelis

rɔba bɔtɔ

prekybos centras - dwakɛseɛmu

gėrimai
nsa

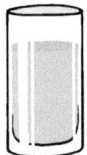
vanduo
nsuo

sultys
aduaba mu nsuo

pienas
milikyi

kola
coke

vynas
nsa

alus
beer

alkoholis
nsaden

kakava
kookoo

arbata
tea

kava
kɔfe

espresas
espresso

kapučinas
cappuccino

maistas
aduane

bananas
kwadu

obuolys
aprɛ

apelsinas
akutuo

arbūzas
mɛlɔn

citrina
akutuo

morka
karɔt

česnakas
galeke

bambukas
mpampuro

svogūnas
gyeene

grybas
mmire

riešutai
nkateɛ

makaronai
talia

maistas - aduane

spagečiai
talia

ryžiai
ɛmo

salotos
salad

traškučiai
kyips

keptos bulvės
aborodwomaa w'akye

pica
pizza

mėsainis
hamburger

sumuštinis
sandwiɔh

pjausnys
ntwetwade

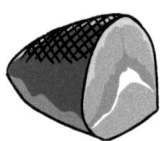

kumpis
prɛko nam

saliamis
salami

dešrelė
sɔsegye

vištiena
akokɔnam

kepsnys
toto

žuvis
nsuomunam

avižų dribsniai
oats koko

dribsniai su priedais
muesli

kukurūzų dribsniai
cornflakes

miltai
esam

prancūziškasis ragelis
croissant

bandelė
brodo a yabobɔ

duona
brodo

skrebutis
ho

sausainiai
biskit

sviestas
bɔta

varškė
koko

tortas
ɔfam

kiaušinis
kosua

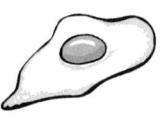
kiaušinienė
kosua a yakye

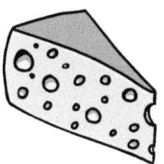
sūris
kyeese

maistas - aduane

ledai
ise krim

cukrus
asikyire

medus
ɛwoɔ

uogienė
ɛam

tepamas šokoladas
kyɔkolate a wɔde yɛ aduane mu

karis
kɔri

ūkininko ūkis
afuo

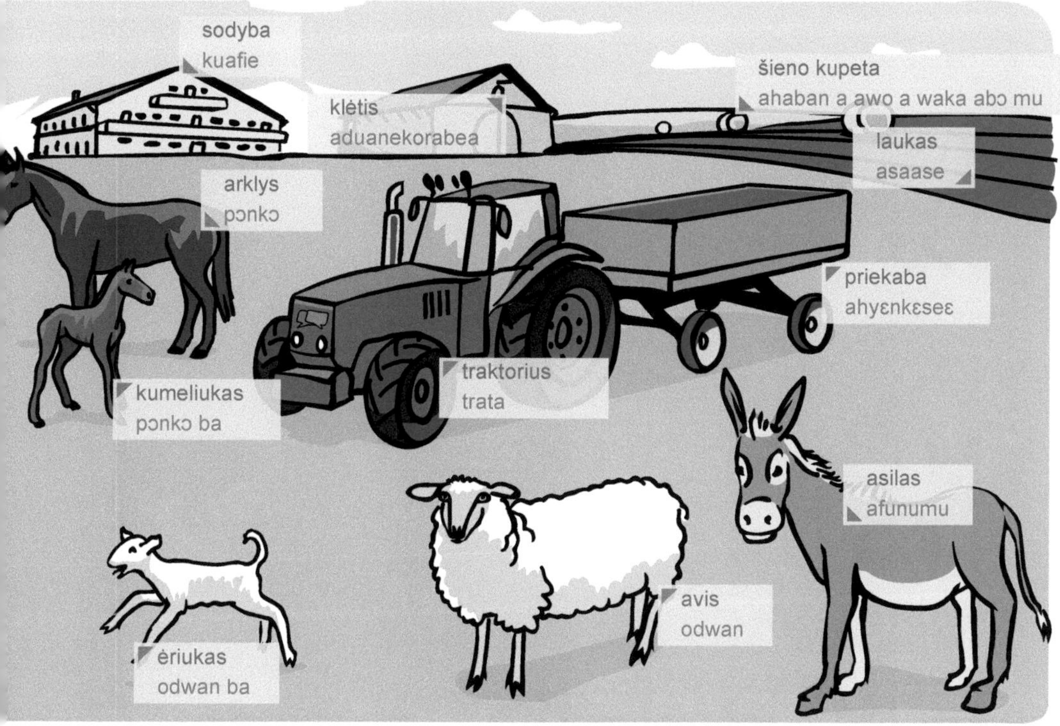

sodyba — kuafie
klėtis — aduanekorabea
šieno kupeta — ahaban a awo a waka abɔ mu
laukas — asaase
arklys — pɔnkɔ
priekaba — ahyɛnkɛseɛ
kumeliukas — pɔnkɔ ba
traktorius — trata
asilas — afunumu
avis — odwan
ėriukas — odwan ba

ožys
apɔnkye

karvė
nantwie

veršis
nantwie ba

kiaulė
prɛko

paršelis
prɛko ba

bulius
nantwinini

žąsis
dabodabo

antis
dabodabo

viščiukas
akokɔba

višta
akokɔbedeɛ

gaidys
akokɔnini

žiurkė
akura

katė
agyinamoa

pelė
akura

jautis
nantwi

šuo
ɔkraman

šuns būda
kramanfie

sodo namas
drobɛn a wɔde nsuo fa mu gugu nnɔɔma so

laistytuvas
toa wɔde nsuo gu mu de gugu nnɔɔma so

dalgis
kantankrankyi

plūgas
afidie a wɔde funtum asaase ani

ūkininko ūkis - afuo

pjautuvas
sɔsɔwa

kauptukas
asɔ

šakės
fɔɔki kɛseɛ

kirvis
akuma

statinė
hweebaro

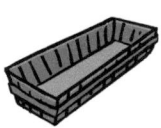

lovys
adea mmoa didi mu

bidonas
milikyi konku

maišas
kotoku

tvora
ɛban

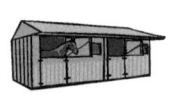

arklidė
mmoa dan

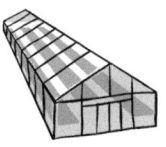

šiltnamis
nnuaba dan mu

dirva
anwea

sėkla
aba

trąšos
nnuro a wɔde gu mfudeɛ ho

kombainas
nnuanetwa kaa kɛse

ūkininko ūkis - afuo

rinkti
twa

derlius
mfudeɛ

saldžiosios bulvės
bayerɛ

kviečiai
ayuo

soja
soya

bulvė
aborɔdwomaa

kukurūzai
aburo

rapsai
rapedua aba

vaismedis
aduaba dua

manijokas
bankye

grūdai
aburo aduane

namas
efie

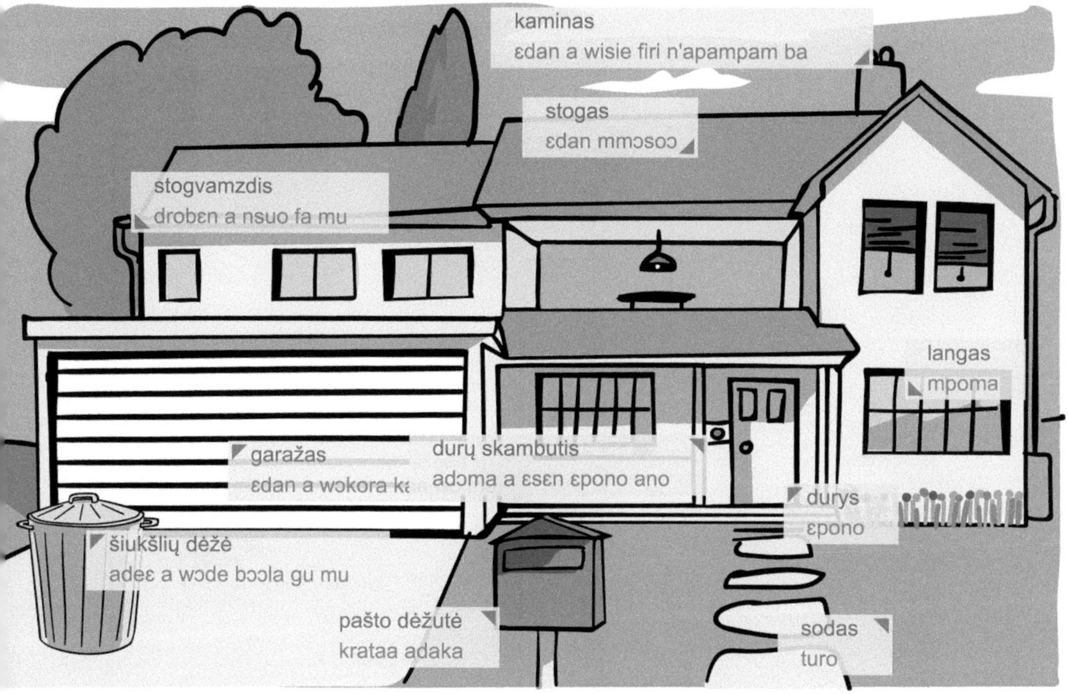

kaminas
ɛdan a wisie firi n'apampam ba

stogas
ɛdan mmɔcoɔ

stogvamzdis
drobɛn a nsuo fa mu

langas
mpoma

garažas
ɛdan a wokora kɛ

durų skambutis
adɔma a ɛsɛn ɛpono ano

durys
ɛpono

šiukšlių dėžė
adeɛ a wɔde bɔɔla gu mu

pašto dėžutė
krataa adaka

sodas
turo

svetainė
ɛdan a wɔtena mu

vonios kambarys
adwareɛ

virtuvė
gyaade

miegamasis
piam

vaiko kambarys
abɔfra dan mu

valgomasis
ɛdan a wɔdidi wɔ mu

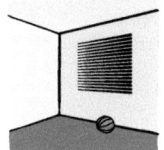

grindys
fam

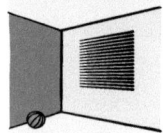

siena
ɛban

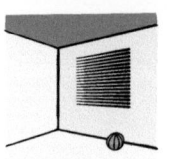

lubos
siilin

rūsys
ɛdan a ɛhyɛ fam

sauna
beaɛ a wɔkɔtɔ hyew

balkonas
pɔɔkye

terasa
asaase a wafuntum na wɔde dua nnɔbaeɛ

baseinas
nsuo a wɔdware mu

žoliapjovė
afidie a wɔde dɔ

paklodė
krataa

lovatiesė
nnasoɔ

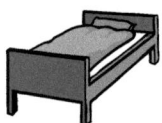

lova
mpa

šluota
praeɛ

kibiras
bɔkiti

jungiklis
deɛ wɔde sɔ kanea

svetainė
ɛdan a wɔtena mu

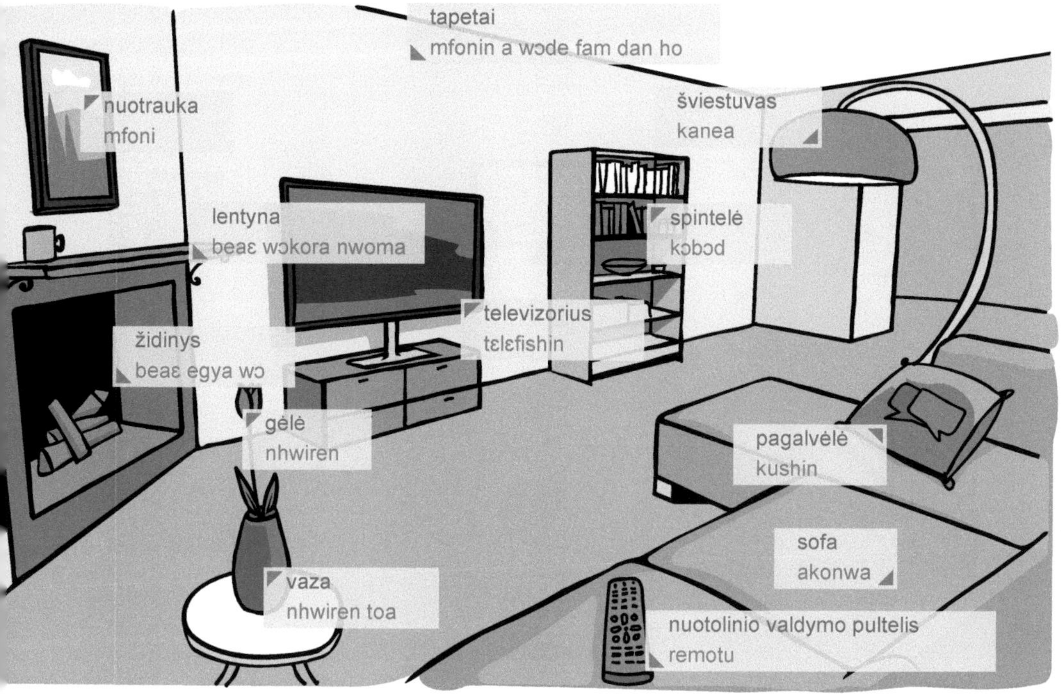

- tapetai — mfonin a wɔde fam dan ho
- nuotrauka — mfoni
- šviestuvas — kanea
- lentyna — beaɛ wɔkora nwoma
- spintelė — kɔbɔd
- židinys — beaɛ egya wɔ
- televizorius — tɛlɛfishin
- gėlė — nhwiren
- pagalvėlė — kushin
- sofa — akonwa
- vaza — nhwiren toa
- nuotolinio valdymo pultelis — remotu

kilimas
kapɛt

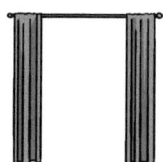

užuolaida
kɛtin

stalas
pono

kėdė
akonwa

supamasis krėslas
akonwa aa ɛkɔ anim ne akyi

fotelis
nsaakonwa

knyga
nwoma

antklodė
kuntu

papuošimai
beaɛ asiesie

malkos
egya

filmas
mfoni

stereo aparatūra
hi-fi afidie

raktas
safoa

laikraštis
dawurubɔ krataa

paveikslas
akaado

plakatas
mfoni

radijas
akasanoma

užrašų knygelė
nwoma a wɔtwerɛ nsɛmpɔ gu mu

dulkių siurblys
afidie a wɔde pra mfuturo

kaktusas
cactus

žvakė
kandele

svetainė - ɛdan a wɔtena mu

virtuvė
gyaade

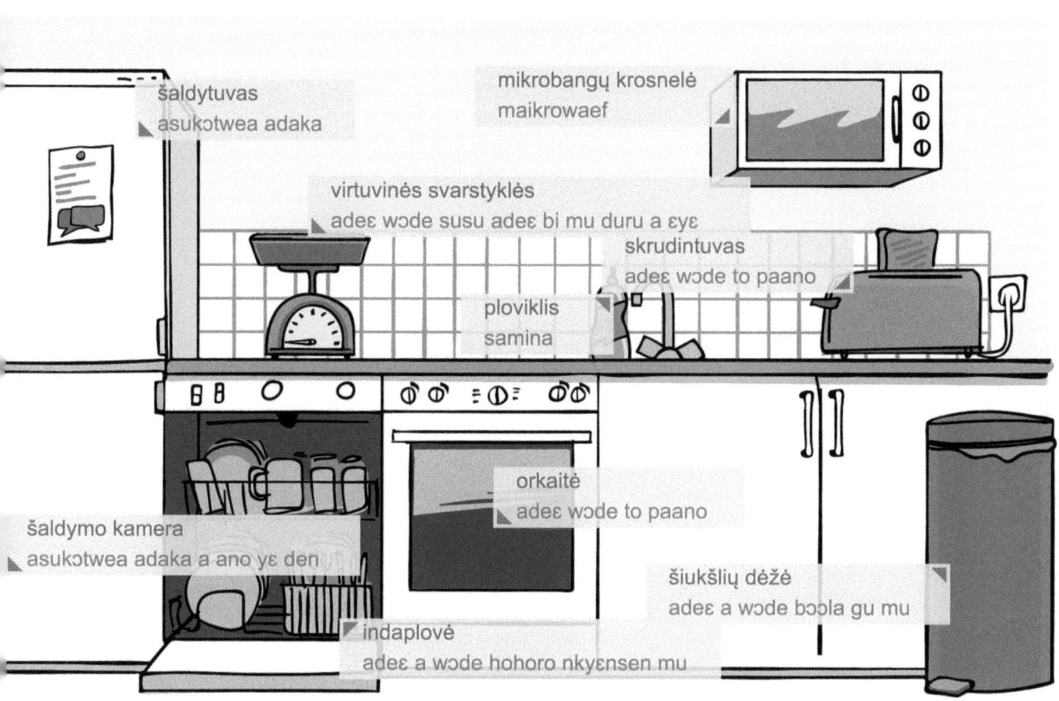

- šaldytuvas
  asukɔtwea adaka
- mikrobangų krosnelė
  maikrowaef
- virtuvinės svarstyklės
  adeɛ wɔde susu adeɛ bi mu duru a ɛyɛ
- skrudintuvas
  adeɛ wɔde to paano
- ploviklis
  samina
- orkaitė
  adeɛ wɔde to paano
- šaldymo kamera
  asukɔtwea adaka a ano yɛ den
- šiukšlių dėžė
  adeɛ a wɔde bɔɔla gu mu
- indaplovė
  adeɛ a wɔde hohoro nkyɛnsen mu

viryklė
adeɛ a wɔde noa aduane

puodas
kukuo

ketaus puodas
dadesɛn

„wok" keptuvė
wok / kadai

keptuvė
pan

virdulys
adeɛ wɔde noa nsuo

virtuvė - gyaade

garų puodas

nea yɛde ka aduane hye

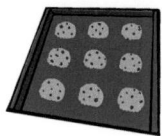

kepimo skarda

adeɛ wɔto so paano

porceliano indai

nkyɛnsen a wɔdidi mu

puodelis

kuruwa

dubuo

kyɛnsen

valgomosios lazdelės

nnua a wɔde didie

samtis

kwantere

mentelė

atere

plaktuvas

adeɛ wɔde nu adeɛ mu

koštuvas

sɔneɛ

sietas

sɔneɛ

trintuvė

adeɛ a wɔde twi adeɛ

grūstuvė

waduro

kepsninė

adeɛ a wɔde toto nam

atvira liepsna

egya a biribiara mmɔ ho ban

virtuvė - gyaade

pjaustymo lentelė
adeɛ a wɔtwitwa so nnɔɔma

kočėlas
adea wɔde twi nnɔɔma

kamščiatraukis
adeɛ a wɔde tu toa ano

skardinė
konku

skardinių atidarytuvas
adeɛ wɔde bie konku so

puodkėlė
nea yɛde sɔ kukuo mu

kriauklė
adeɛ a wɔhohoro nkyɛnse wɔ mu

šepetys
adeɛ a wɔde twitwi

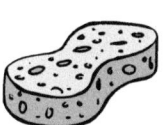

kempinė
sapɔ

trintuvas
afidie wɔde yam nnuane

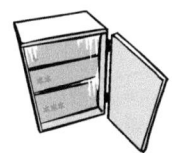

šaldiklis
asukɔtwea adaka a ano yɛ den

kūdikių buteliukas
abɔfra toa

čiaupas
nsuo

virtuvė - gyaade

vonios kambarys
adwareɛ

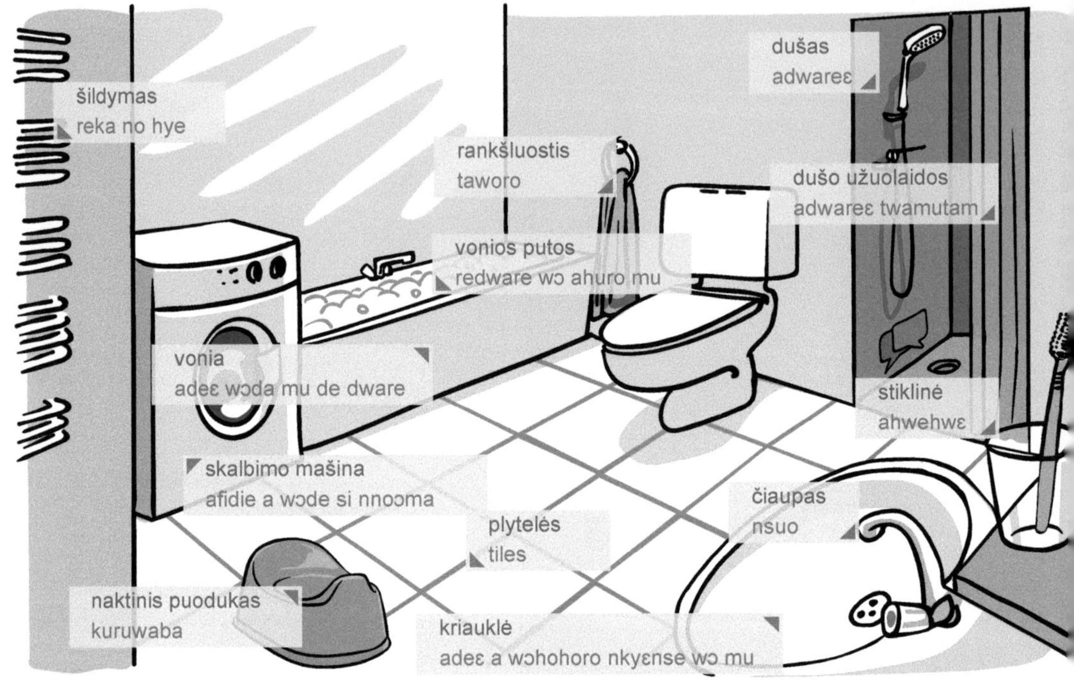

dušas
adwareɛ

šildymas
reka no hye

rankšluostis
taworo

dušo užuolaidos
adwareɛ twamutam

vonios putos
redware wɔ ahuro mu

vonia
adeɛ wɔda mu de dware

stiklinė
ahwehwɛ

skalbimo mašina
afidie a wɔde si nnooma

čiaupas
nsuo

plytelės
tiles

naktinis puodukas
kuruwaba

kriauklė
adeɛ a wɔhohoro nkyɛnse wɔ mu

unitazas
agyananbea

tupimasis unitazas
agyananbea a wɔkotoso

bidė
bidet

pisuaras
dwonsɔbea

tualetinis popierius
tiafi krataa

unitazo šepetys
adeɛ a wɔde twitwi agyanbea

dantų šepetėlis

adeɛ wɔde twitwiri ɛse

dantų pasta

aduro wɔde twitwiri ɛse

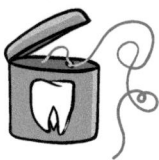

dantų siūlas

adeɛ wɔde yiyi ɛse ntam

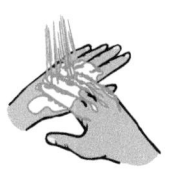

plauti

si

dušo galvutė

adeɛ wɔsɔ mu de dware

higieninis dušas

adeɛ nsuo fa mu na wɔde hohoro mmaa ase

praustuvas

adeɛ wɔsi nnɔɔma wɔ mu

nugaros plaušinė

adeɛ wɔde twitwi yakyi

muilas

samina

dušo želė

adwareɛ samina

šampūnas

deɛ wɔde hohoro tirinwii mu

plaušinė

ntoma wɔde asaawa na ayɛ

kanalizacija

nsuokwan

kremas

nkuu

dezodorantas

aduro a wɔde fa mmɔtoamu

vonios kambarys - adwareɛ

veidrodis

ahwehwɛ

veidrodėlis

ahwehwɛ kumaa

skustuvas

yiwan

skutimosi putos

aduro a wɔde yi

losjonas po skutimosi

aduro a wɔde sera beaɛ wayi

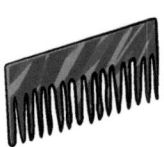

šukos

afe

šepetys

brɔsh

plaukų džiovintuvas

afidie a wɔde ka nwii ma no wo

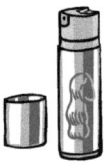

plaukų lakas

adeɛ wɔde aduro gu mu de gu nwii so

makiažas

adeɛ wɔde yɛn wɔn anim

lūpdažis

adeɛ wɔde keka ano

nagų lakas

aduro a wɔde ka mmɔwerɛ so

vata

asaawa

žirklutės nagams

apasoɔ a wɔde twitwa mmɔwerɛ

kvepalai

aduham

vonios kambarys - adwareɛ

maišelis skalbiniams
baage a wɔde nnooma gu mu wɔ adwareɛ

taburetė
akonwa

svarstyklės
afidie a wɔde susu adeɛ bi mu duro

chalatas
ataadeɛ wɔhyɛ berɛ a wɔrekɔdware

guminės pirštinės
adeɛ wɔde hyɛ wɔn nsa a wɔde rɔba na ayɛ

tamponas
adeɛ wɔde twe nsuo firi pirakuro mu

higieninis įklotas
ɛɛ mmaa de siesie wɔn ho berɛ wɔn abu wɔn nsa

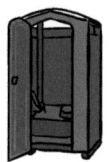

biotualetas
agyananbea a wɔde nnuro kora

vonios kambarys - adwareɛ

vaiko kambarys
abɔfra dan mu

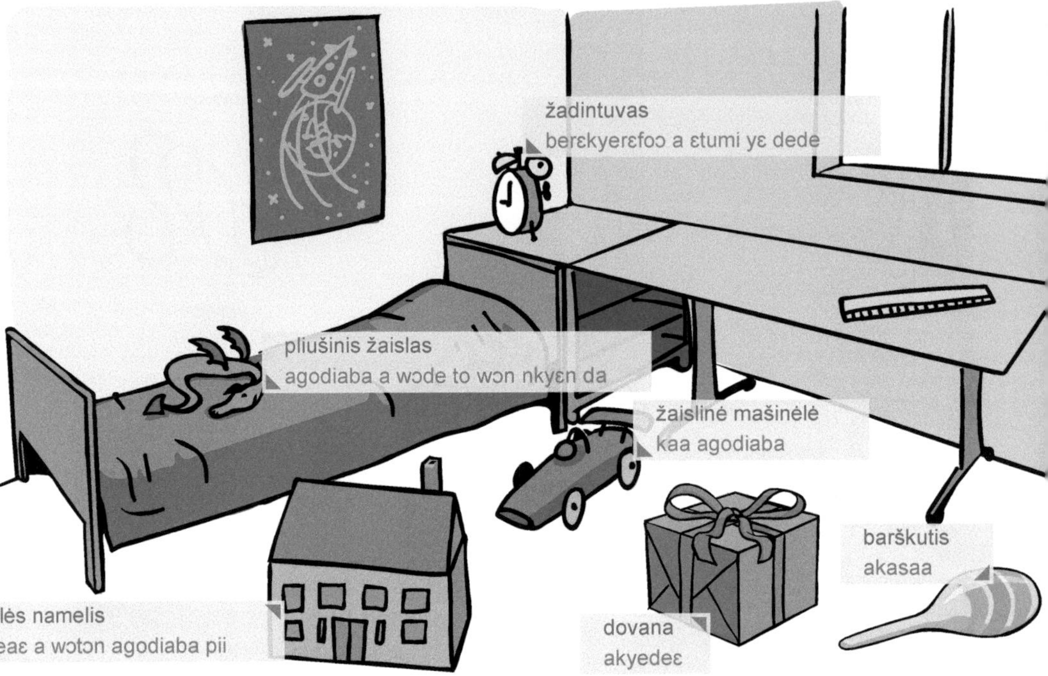

žadintuvas
berɛkyerɛfoɔ a ɛtumi yɛ dede

pliušinis žaislas
agodiaba a wɔde to wɔn nkyɛn da

žaislinė mašinėlė
kaa agodiaba

barškutis
akasaa

lėlės namelis
beaɛ a wɔtɔn agodiaba pii

dovana
akyedeɛ

balionas
baluu

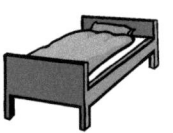

lova
mpa

vaikiškas vežimėlis
adeɛ a wɔde mmɔfra to mu pia wɔn

kortų malka
nkrataa a ɛhyɛ adaka mu

dėlionė
mfonin asiniasini a wɔckeka si ani hyehyɛ

komiksai
mmɔfra aseresɛm nwoma

lego kaladėlės

lego bricks

žaislinės kaladėlės

blɔks a wɔde si dan

figūrėlė

mmɔfra agodiaba

šliaužtinukai

mmɔfra ataade a wɔayɛ abɔ mu

mėtymo lėkštė

frisbee

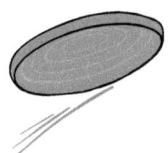

karuselė

agodiaba a wɔde sensɛne mmɔfra mpa so

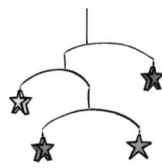

stalo žaidimas

agorɔ a ɛwɔ pono so

kauliukai

ludu aba

žaislinis traukinys

ketekye ketewa

žindukas

adeɛ a wɔde hyɛ mmɔfra anumu

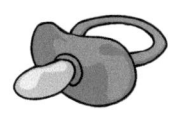

vakarėlis

apontoɔ

paveiksliukų knygelė

krataa mfonin wɔ mu

kamuolys

bɔɔlo

lėlė

agodiaba

žaisti

di agorɔ

vaiko kambarys - abɔfra dan mu

smėlio dėžė

adeɛ wɔde anwea agu mu a mmɔfra di mu agorɔ

sūpynės

adonko

žaislai

agodiaba

žaidimų konsolė

afidie abɛɛfo agodie wɔ so a wɔbɔ

triratukas

dadepɔnkɔ a ne nan yɛ mmiensa

meškiukas

sisire agodiaba

drabužių spinta

wɔdrop

drabužis
ataadeɛ

kojinės

adeɛ a wɔhyɛ ansa na wahyɛ mpaboa

kojinės virš kelių

ataade tenten a wɔhyɛ wɔ wɔn nan ho

pėdkelnės

ataadeɛ a ɛkyekyere deɛ wahyɛ no

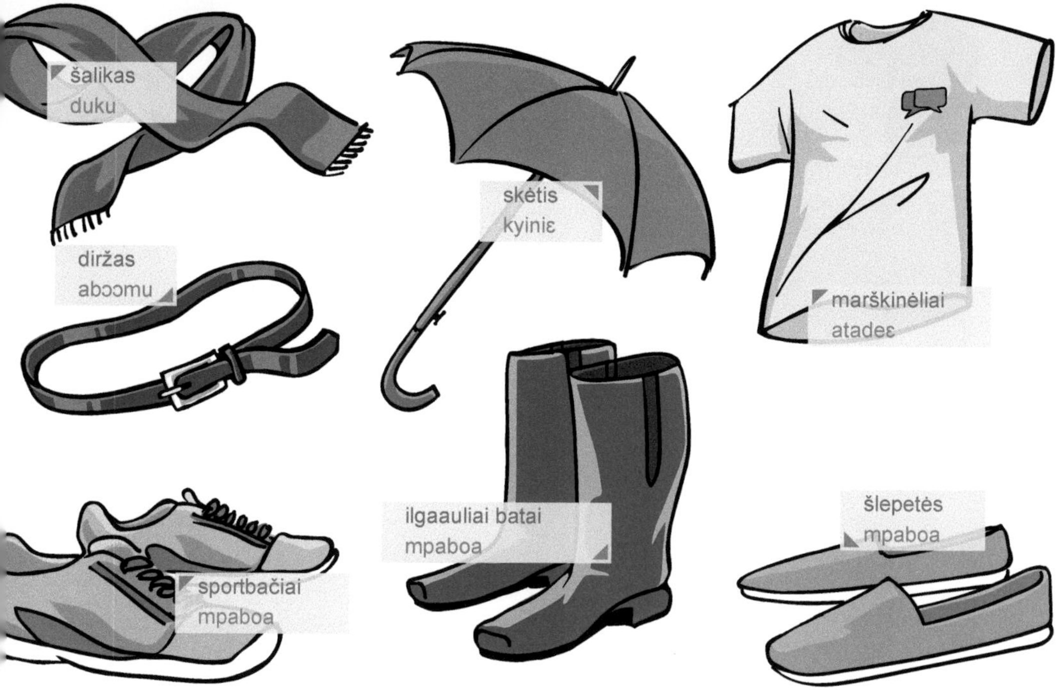

šalikas
duku

skėtis
kyiniɛ

marškinėliai
atadeɛ

diržas
abɔɔmu

ilgaauliai batai
mpaboa

šlepetės
mpaboa

sportbačiai
mpaboa

sandalai
mpaboa

batai
mpaboa

guminiai batai
rɔba mpaboa

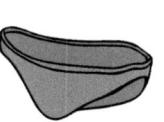

trumpikės
drɔs

liemenėlė
adeɛ mmaa hyɛ de kora
wɔn nufu

liemenė
fɛst

drabužis - ataadeɛ

glaustinukė
nipadua

kelnės
trɔsa

džinsai
gyins

sijonas
skɛɛte

palaidinė
mmaa ataade soro

marškiniai
ataadesoro

megztinis
swata

megztinis su gobtuvu
ataadeɛ a ɛkyɛ wɔ mu

švarkelis
kootu

švarkas
ataade ngusoɔ

paltas
kootu

lietpaltis
ataadeɛ wɔhyɛ berɛ nsuo retɔ

kostiumas
ataadehyɛ

suknelė
ataadeɛ

vestuvinė suknelė
ayifrɔ atadeɛ

drabužis - ataadeɛ

kostiumas
ataade nkatasɔɔ

naktiniai marškiniai
ataadeɛ a yɛhyɛ de da

pižama
pigyamas

saris
sari

skarelė
duku

tiurbanas
duku

burka
ataadeɛ Nkramofoɔ mmaa yɛ na ɛkata wɔn tiri so de kosi wɔn nan ase

kaftanas
kaftan

abaja
abaya

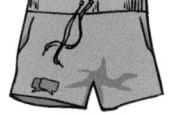

maudymosi kostiumėlis
ataadeɛ a wɔhyɛ de dware nsuo mu

glaudės
nika

šortai
nika

sportinis kostiumas
traksuit

prijuostė
ntoma a wɔde kata wɔn kɔnmu berɛ wɔreyɛ aduane

pirštinės
adeɛ wɔde hyɛ wɔn nsa

drabužis - ataadeɛ

saga
batin

akiniai
ahwehwɛniwa

apyrankė
adeɛ wɔde to wɔn nsa

vėrinys
kɔnmuade

žiedas
kawa

auskaras
asomadeɛ

kepurė
ɛkyɛ

pakabas
adeɛ a wɔde kootu hyɛ so

skrybėlė
ɛkyɛ

kaklaraištis
abɔɔmenemu

užtrauktukas
zip

šalmas
ɛkyɛ a wɔhyɛ de twi motosakre

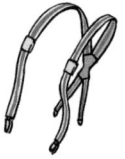

breketai
bresis

mokyklinė uniforma
sukuu ataadeɛ

uniforma
ataadeɛ

drabužis - ataadeɛ

seilinukas
adeɛ a wɔde gu abɔfra kɔn
mu berɛ a wɔredidi

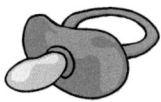
žindukas
adeɛ a wɔde hyɛ mmɔfra anumu

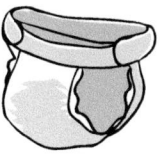
vystyklai
moase tam

biuras
ɔfise

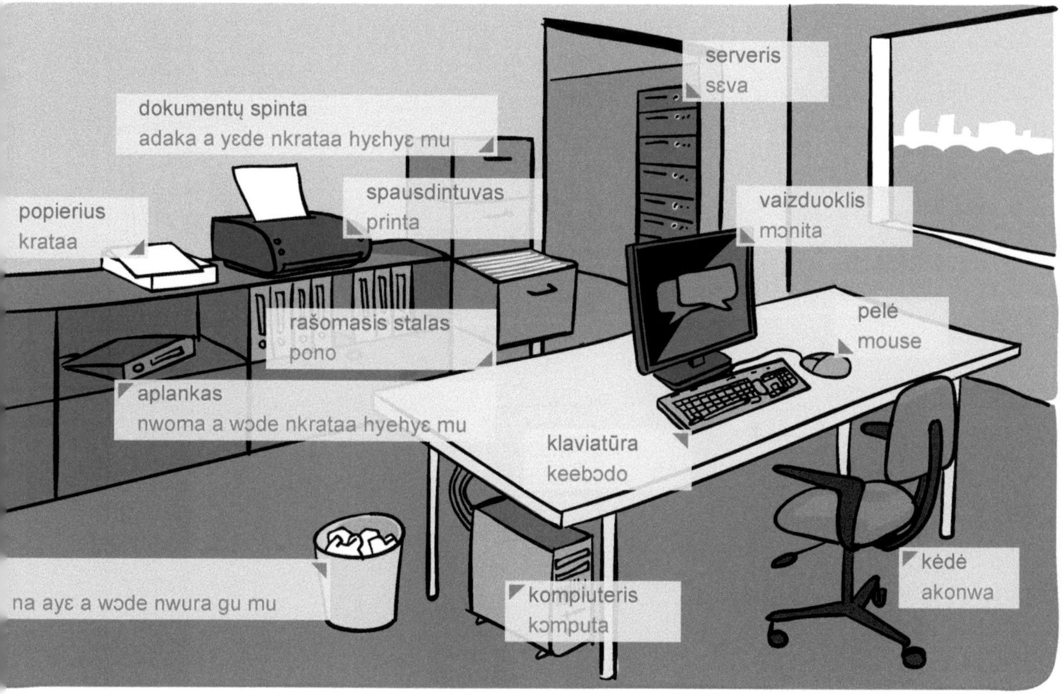

- serveris — sɛva
- dokumentų spinta — adaka a yɛde nkrataa hyɛhyɛ mu
- spausdintuvas — printa
- vaizduoklis — mɔnita
- popierius — krataa
- pelė — mouse
- rašomasis stalas — pono
- aplankas — nwoma a wɔde nkrataa hyɛhyɛ mu
- klaviatūra — keebɔdo
- kėdė — akonwa
- na ayɛ a wɔde nwura gu mu
- kompiuteris — kɔmputa

kavos puodelis
kɔfe kuruwa

kalkuliatorius
afidie a wɔde bu nkonta

internetas
intanɛt

 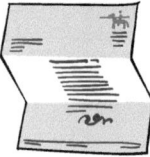 

nešiojamasis kompiuteris	laiškas	žinutė
lapt ɔp	krataa	nkratoɔ

mobilusis telefonas	tinklas	fotokopijavimo aparatas
mobile	nɛtwɛk	fotokɔpia

programinė įranga	telefonas	kištukinis lizdas
sɔftwɛɛ	tetefon	plɔg sɔkɛti

 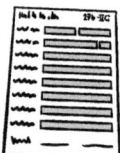 

faksas	forma	dokumentas
fax afidie	krataa	krataa

biuras - ɔfise

ekonomika
sikasem

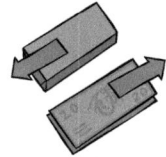
pirkti
tɔ

mokėti
tua

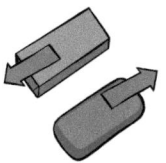
prekiauti
tɔn

pinigai
sika

doleris
dollar

euras
euro

jena
yen

rublis
rouble

Šveicarijos frankas
Swiss franc

juanis
renminbi yuan

rupija
rupee

bankomatas
sikabea

ekonomika - sikasem

valiutos keitykla

baabi aa yɛsesa

auksas

sikakɔkɔɔ

sidabras

dwetɛ

nafta

ngo

energija

ahoɔden

kaina

ne boɔ

sutartis

nteaseɛ a ɛwɔ krataa so

mokestis

ɛtoɔ

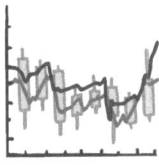

akcijos

stock

dirbti

yɛ adwuma

darbuotojas

odwumayɛni

darbdavys

obi a wafa obi adwumamu

gamykla

afidihyehyɛbea

parduotuvė

beaɛ a wɔtɔn adeɛ

ekonomika - sikasem

profesijos
nnwuma ahodoɔ

policininkas
polisini

ugniagesys
gyadumni

virėjas
obi a wɔnoa aduane

gydytojas
dɔkota

lakūnas
obi a wɔtwi ewiemhyɛn

sodininkas
kuani

stalius
nnuaseni

siuvėja
ɔbaa a wɔpam adeɛ

teisėjas
otɛnmuani

chemikas
dufrani

aktorius
siniyifoɔ

autobuso vairuotojas	taksi vairuotojas	žvejys
hyɛnkani	taxi drɔba	ɔfarifo

valytoja	stogdengys	padavėjas
ɔbaa wɔpopa beaɛ	obi a wɔbɔ dan so	barima a wɔsom wɔ beaɛ a wɔtɔn aduane

medžiotojas	dailininkas	kepėjas
ɔbɔmɔfo	obi wɔde akaado keka ɛden ne nnoɔma aka ho	brodotofo

elektrikas	statybininkas	inžinierius
obi a wɔyɛ nkaneɛ ho adwuma	dansifo	obi a wɔyɛ mfidie akɛseɛ ho adwuma

mėsininkas	santechnikas	paštininkas
namtɔnfo	obi a wɔhyehyɛ drobɛn a nsuo fa mu	obi a wɔde nkrataa a amanfoɔ atwerɛ soma no

profesijos - nnwuma ahodoɔ

kareivis
ɔsrani

architektas
obi a wɔyɛ adansie ho adwuma

kasininkas
obi a wɔhwɛ sika so

gėlininkas
obi a wɔtɔn nhwiren

kirpėjas
obi a wɔyɛ tire

konduktorius
deɛ wɔgyegye sika wɔ ɛhyɛn mu

mechanikas
obi a wɔsiesie ɛhyɛn

kapitonas
panin

odontologas
dɔkota a wɔhwɛ se

mokslininkas
abodeɛmu nyasapɛni

rabinas
ɔkyerɛkyerɛni

imamas
imam

vienuolis
monk

kunigas
sofo

profesijos - nnwuma ahodoɔ

įrankiai
akadeɛ

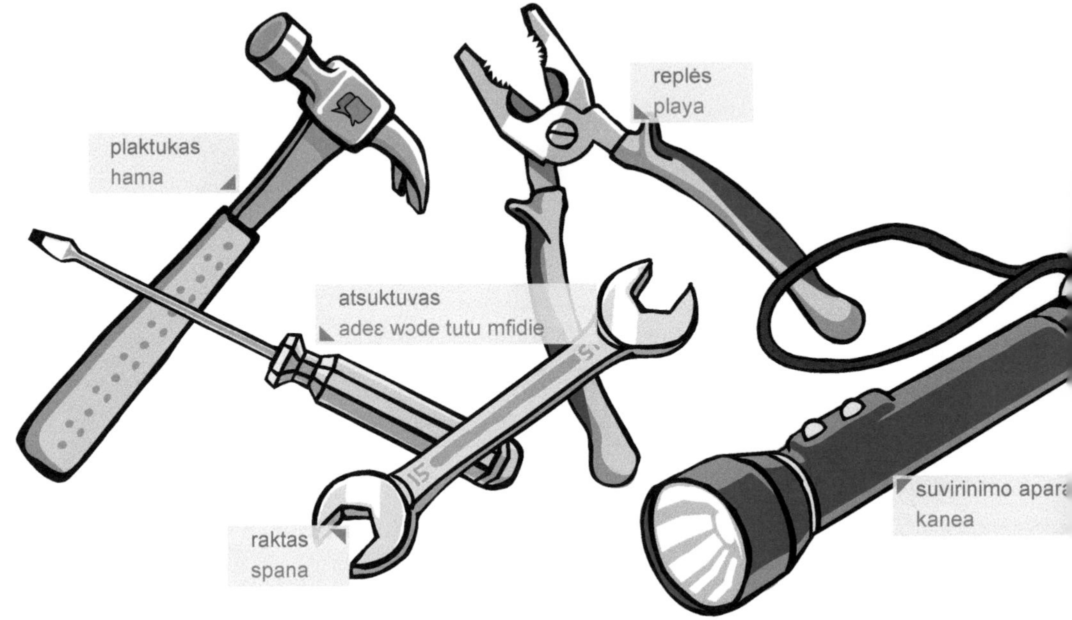

plaktukas
hama

replės
playa

atsuktuvas
adeɛ wɔde tutu mfidie

raktas
spana

suvirinimo apara
kanea

ekskavatorius
afidie a wɔde tu fam

įrankių dėžė
adaka a wɔde nnoɔma a wɔde yɛ adwuma gu mu

kopėčios
atwedeɛ

pjūklas
sradaa

vinys
nnadowa

grąžtas
afidie a wɔde mmia nnoɔma mu

taisyti
siesie

kastuvas
sofi

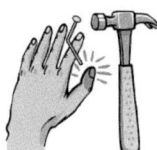

Velniava!
Yieee!

semtuvėlis
asesa nwura

dažų skardinė
akaado kora

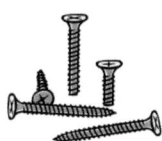

varžtai
dadeɛ wɔde bobɔ nnooma mu

muzikos instrumentai
mfidie a wɔde bɔ nnwom

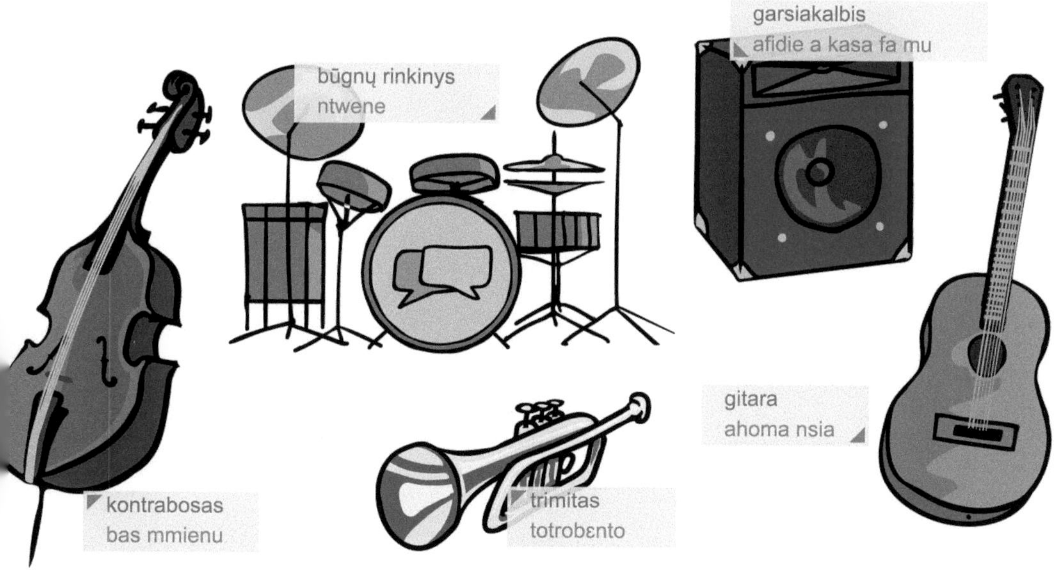

garsiakalbis
afidie a kasa fa mu

būgnų rinkinys
ntwene

gitara
ahoma nsia

kontrabosas
bas mmienu

trimitas
totrobɛnto

pianinas
sankuo

smuikas
sankuo

bosinė gitara
ahoma nsia

timpanas
timpani

būgnai
ntwene

sintezatorius
sankuo

saksofonas
sasofon

fleita
trobɛnto

mikrofonas
akasanoma

muzikos instrumentai - mfidie a wɔde bɔ nnwom

zoologijos sodas
mmoakurabea

įėjimas — baabi a wɔfra wura m

tigras — sebɔ

narvas — ɛban

zebras — sare so afurum

gyvūnų pašaras — mmoa aduane

panda — kankane

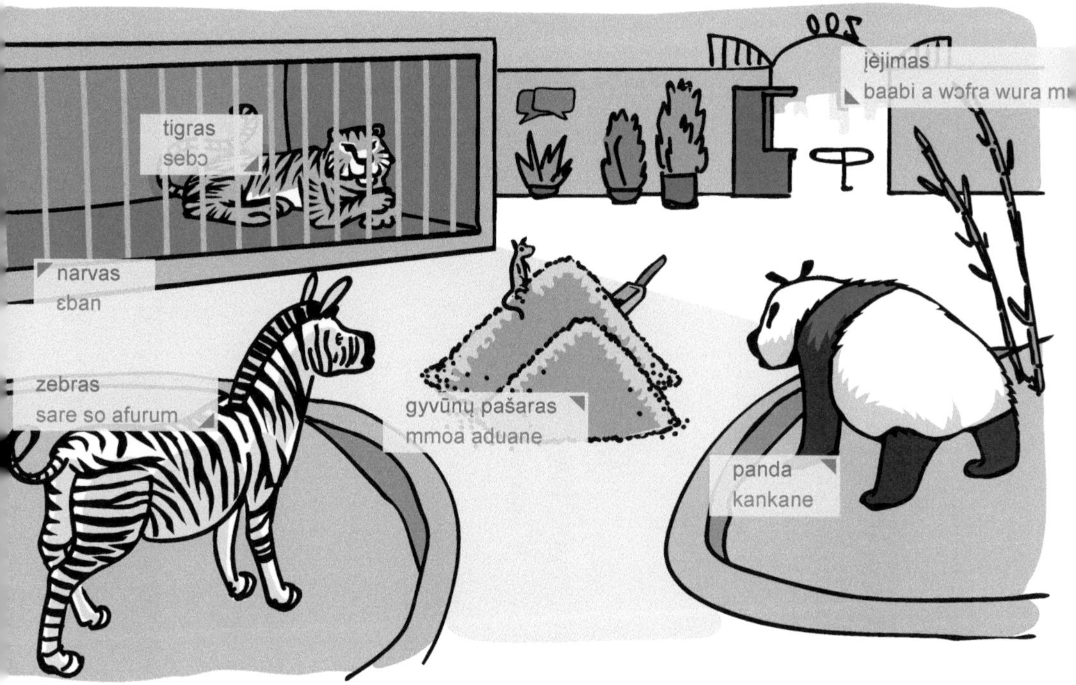

gyvūnai
mmoa

dramblys
ɔsono

kengūra
kangaroo

raganosis
bɛnkorɔ

gorila
akaatia

meška
sisire

zoologijos sodas - mmoakurabea

kupranugaris
yoma

strutis
sohori

liūtas
gyata

beždžionė
kontromfi

flamingas
asukɔnkɔn

papūga
ako

baltoji meška
sisire

pingvinas
penguin

ryklys
oboodede

povas
kohaa

gyvatė
ɔwɔ

krokodilas
dɛnkyɛm

zoologijos sodo prižiūrėtojas

mmoasohwɛfo

ruonis
sukraman

jaguaras
sebɔ

zoologijos sodas - mmoakurabea

ponis
pɔnkɔ ketewa

leopardas
etwie

begemotas
susono

žirafa
kɔntenten

erelis
ɔkɔdeɛ

šernas
kɔkɔte

žuvis
nsuomunam

vėžlys
sudanda

vėplys
sukraman

lapė
sakraman

gazelė
adowa

zoologijos sodas - mmoakurabea

sportas
agokansie

amerikietiškas futbolas
Amerika bɔɔlo

dviračių sportas
dadepɔnkɔ twie akansie

tenisas
tɛnɛs

krepšinis
baskɛtbɔɔlo

plaukimas
nsuo dwareɛ

boksas
akutrukubɔ

ledo ritulys
hɔki a wɔbɔ no wɔ asukɔ

futbolas
bɔɔlo

badmintonas
badminton

atletika
mmirikatuo

rankinis
nsa bɔɔlo

slidinėjimas
asukɔtwea so agorɔ

polas
polo

turėti
gye

daryti
yɛ

būti
yɛ

stovėti
gyina

bėgti
tu mirika

traukti
twe

mesti
to

kristi
tɔ fam

meluoti
twa ntorɔ

laukti
twɛn

nešti
soa

sėdėti
tena ase

rengtis
hyɛ atadeɛ

miegoti
da

pabusti
sɔre

užsiėmimai - dwumadie ahodoɔ

žiūrėti
hwɛ

verkti
su

glostyti
fa wo nsa fefa ho

šukuoti
nunu wotirim

kalbėti
kasa

suprasti
te aseɛ

paklausti
bisa

klausytis
tie

gerti
nom

valgyti
didi

tvarkytis
siesie

mylėti
dɔ

gaminti
noa

vairuoti
ka kaa

skristi
tu

užsiėmimai - dwumadie ahodoɔ

buriuoti
ka

skaičiuoti
bo ho nkonta

skaityti
kan

mokytis
sua

dirbti
yɛ adwuma

vesti
ware

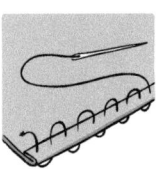

siūti
pam

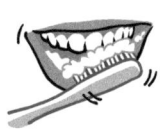

valytis dantis
twitwi wo se

žudyti
kum

rūkyti
hye

siųsti
soma

užsiėmimai - dwumadie ahodoɔ

šeima
abusua

- senelė / nanabaa
- senelis / nana barima
- tėvas / papa
- motina / maame
- kūdikis / abɔfra
- dukra / babaa
- sūnus / babarima

svečias
ɔhɔhoɔ

teta
sewaa

dėdė
wɔfa

brolis
nua barima

sesuo
nuabaa

šeima - abusua

kūnas
nipadua

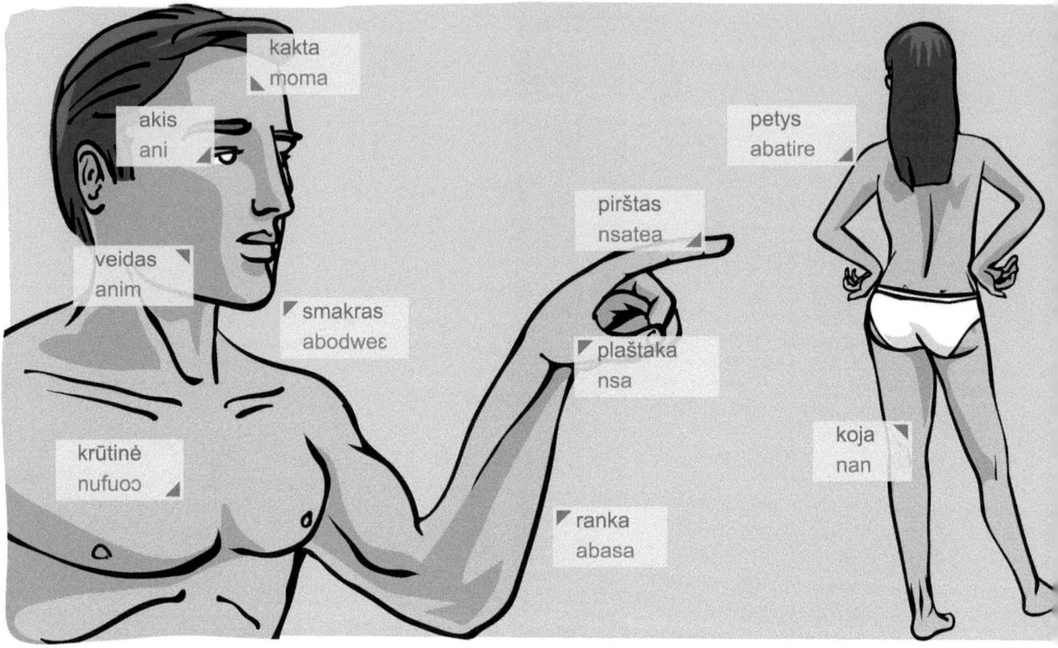

- kakta / moma
- akis / ani
- veidas / anim
- smakras / abodwεε
- krūtinė / nufuɔɔ
- pirštas / nsatea
- petys / abatire
- plaštaka / nsa
- koja / nan
- ranka / abasa

kūdikis
abɔfra

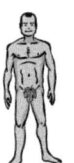

vyras
barima

moteris
ɔbaa

mergaitė
abaayewa

berniukas
abarimaa

galva
εtire

kūnas - nipadua

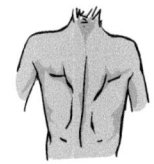

nugara
akyi

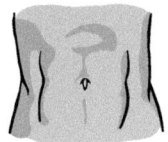

pilvas
yafunu

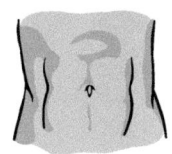

bamba
furuma

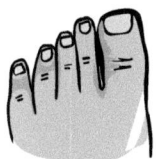

kojos pirštas
nansoa

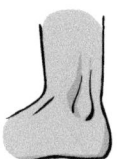

kulnas
nantini

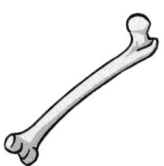

kaulas
dompe

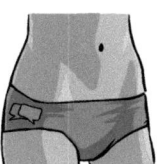

klubas
sisi

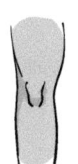

kelis
kotodwe

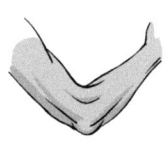

alkūnė
abatwerɛ

nosis
hwene

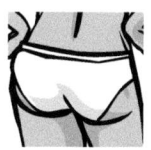

sėdmenys
ɛtoɔ

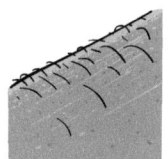

oda
wedeɛ

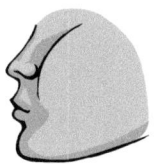

skruostas
afono

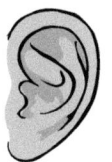

ausis
aso

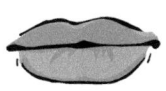

lūpa
ano

kūnas - nipadua

burna
ano

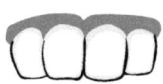

dantis
ɛse

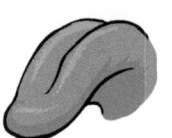

liežuvis
tɛkyerɛma

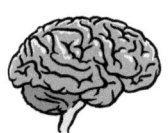

smegenys
adwene

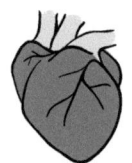

širdis
akoma

raumuo
honam

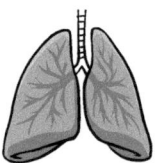

plaučiai
ahrawa

kepenys
brɛbɔɔ

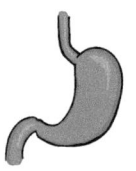

skrandis
afuro

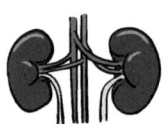

inkstai
sawa

seksas
barima ne ɔbaa nna mu nhyiamu

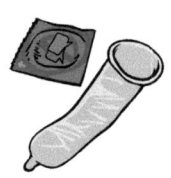

prezervatyvas
kɔndɔm

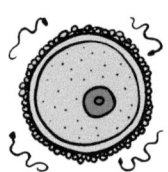

kiaušialąstė
nkosua a ɛwɔ obaa mu

sperma
barima ho nsuo

nėštumas
nyinsɛn

kūnas - nipadua

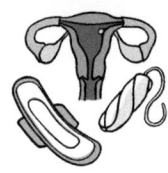
menstruacijos
....
brayɔ

makštis
....
ɛtwɛ

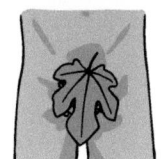
varpa
....
kɔteɛ

antakis
....
aniakyi nwii

plaukai
....
nwii

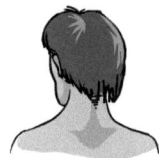
kaklas
....
kɔn

kūnas - nipadua

ligoninė
asopiti

ligoninė
asopiti

greitosios pagalbos automobilis
ambulanse

invalidų vežimėlis
akonwa a wɔn a wɔntumi nyina tena mu

lūžis
dompe buo

gydytojas

dɔkota

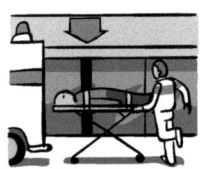

skubios pagalbos skyrius

ɛdan a wɔde wɔn a wɔn
apira kɔ mu kɔhwɛ wɔn
ɔhare so

slaugytoja

nɛɛse

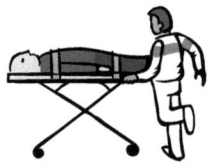

nelaimingas atsitikimas

putupru

be sąmonės

fenti

skausmas

yaw

ligoninė - asopiti

sužalojimas
pira

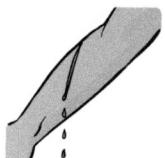

kraujavimas
mogyatuo

širdies smūgis
akoma yareɛ

insultas
nwodwɔɔ yareɛ

alergija
adeɛ wo honam mpɛ

kosulys
ɛwa

karščiavimas
ahoɔhyeɛ

gripas
papu

viduriavimas
ayɛmhwie

galvos skausmas
tiripayɛ

vėžys
kokoram

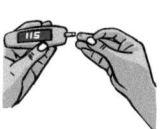

diabetas
asikyire yareɛ

chirurgas
ɔkotani wɔpaepae obi sa no yareɛ

skalpelis
sekamma

operacija
repaepae obi ho asa no yareɛ

ligoninė - asopiti

KT
CT

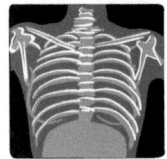
rentgenas
x-ray

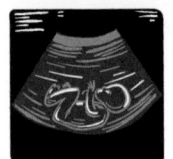
ultragarsas
mfonin a wɔtwa de hwɛ
awodeɛ mu

veido kaukė
anim nkatadeɛ

liga
yareɛ

laukiamasis
dan aa yɛtwɛn wɔ mu

ramentas
klɔkye

gipsas
plasta

tvarstis
bandege

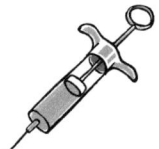
injekcija
paneɛ

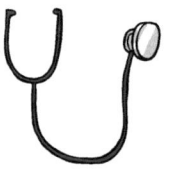
stetoskopas
afidie a wɔde tie dede wɔ
nnipa ho

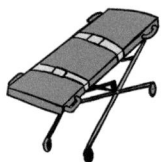
neštuvai
mpa

termometras
afidie wɔde hwɛ ahoɔhyeɛ

gimimas
awoɔ

antsvoris
kɛseyɛ mmorosoɔ

ligoninė - asopiti

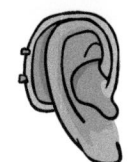

klausos aparatas

afidie a ɛboa ma obi te asɛm yie

dezinfekavimo priemonė

aduro a wɔde ko tia yaremmoa bateria

infekcija

yareɛ nsaeɛ

virusas

yaremmoawa

ŽIV / AIDS

HIV / AIDS

vaistas

aduro

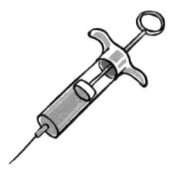

skiepijimas

nsianoaduru paneɛwɔ

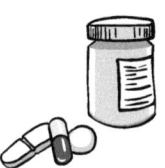

tabletės

nnuro a wɔmene

piliulė

aduro a wɔmene

kubios pagalbos numeris

putupru frɛ

kraujospūdžio matuoklis

afidie a wɔde hwɛ sɛdeɛ mogya di aforosane

ligotas / sveikas

yareɛ / ahuɔden

ligoninė - asopiti

nelaimingas atsitikimas
putupru

Padėkite! Boa me!	 pavojaus signalas alam	 užpuolimas repira obi
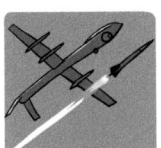 ataka to hyɛ biribi so	 pavojus amaneɛ	 avarinis išėjimas kwan a wɔfa so pue berɛ asɛm asi putupuru
Gaisras! Egya!	 gesintuvas adeɛ a wɔde dum gya	 nelaimingas atsitikimas akwanhyia
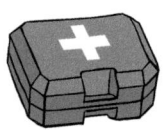 pirmosios pagalbos rinkinys mmoa a edikan akadeɛ	 SOS SOS	 policija polisi

Žemė
Ewiase

Europa
Europe

Šiaurės Amerika
North America

Pietų Amerika
South America

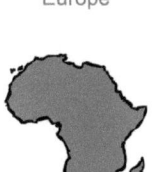
Afrika
Africa

Azija
Asia

Australija
Australia

Atlanto vandenynas
Atlantic

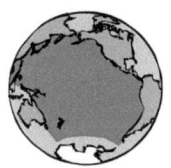
Ramusis vandenynas
Pacific

Indijos vandenynas
Indian Ocean

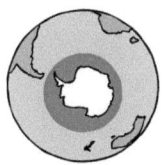
Pietų vandenynas
Antartic Ocean

Arkties vandenynas
Arctic Ocean

Šiaurės ašigalis
North Pole

Pietų ašigalis
South Pole

Antarktida
Atartica

Žemė
Ewiase

sausuma
asaase

jūra
ɛpo

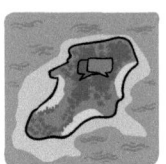
sala
ɛpoano

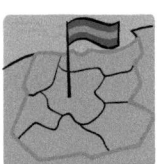
tauta
ɔman

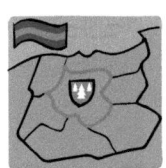
valstybė
ɔman

Žemė - Ewiase

laikrodis
mmerɛ kyerɛfoɔ

ciferblatas
mmerɛ kyerɛfoɔ no anim

valandinė rodyklė
dɔnhwere nsa

minutinė rodyklė
sima nsa

sekundinė rodyklė
anitɛtɛ nsa

Kiek valandų?
Abɔ sɛn?

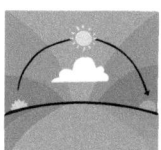

diena
da

laikas
mmerɛ

dabar
seisei ara

skaitmeninis laikrodis
abɛɛfo mmerɛ kyerɛfoɔ

minutė
sima

valanda
dɔnhwere

savaitė
nnawɔtwe

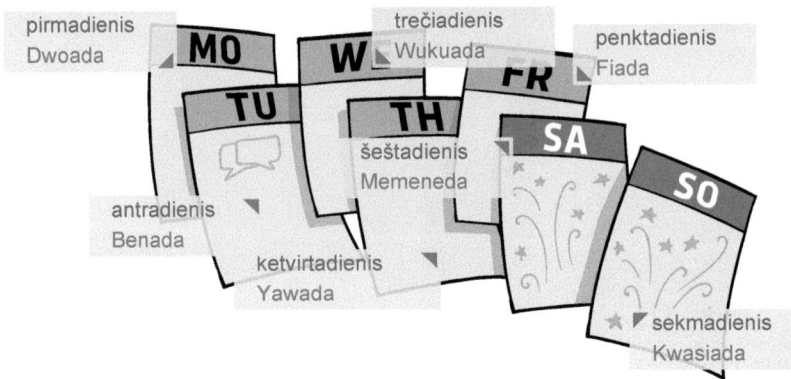

pirmadienis
Dwoada

antradienis
Benada

trečiadienis
Wukuada

ketvirtadienis
Yawada

penktadienis
Fiada

šeštadienis
Memeneda

sekmadienis
Kwasiada

vakar
ɛnora

šiandien
nnɛ

rytoj
ɔkyena

rytas
anɔpa

vidurdienis
awia

vakaras
anwummerɛ

darbo dienos
adwuma nna

savaitgalis
nnawɔtwe awieɛ

metai
afe

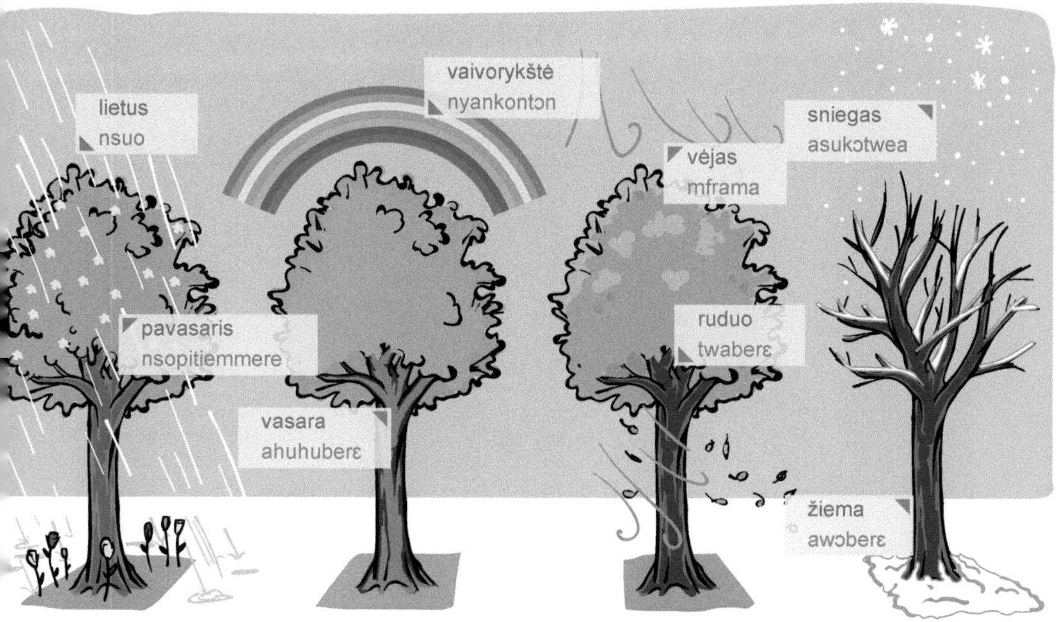

lietus
nsuo
vaivorykštė
nyankontɔn
sniegas
asukɔtwea
vėjas
mframa
pavasaris
nsopitiemmere
ruduo
twaberɛ
vasara
ahuhuberɛ
žiema
awɔberɛ

4.APRIL 11°
5.APRIL 4°
6.APRIL 13°
7.APRIL 8°
8.APRIL 10°

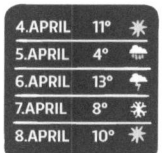

orų prognozė

ewiemu nsesaeɛ

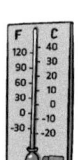

lauko termometras

afidie a wɔde hwɛ ahoɔhyeɛ

saulės šviesa

awiabɔ

debesis

munumkum

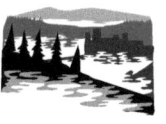

rūkas

ɛbɔ

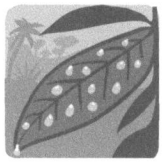

drėgmė

nsuo a ɛwɔ mframa mu

žaibas
ayerɛmo

griaustinis
agradaa

audra
nsuden ne mframa

kruša
sukɔtwea

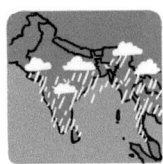

musonas
mframa a ɛde nsuo ba

potvynis
nsuyiri

ledas
asukɔtwea

sausis
Ɔpɛpɔn

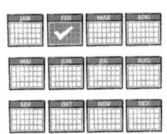

vasaris
Ɔgyefoɔ

kovas
Ɔbɛnem

balandis
Oforisuo

gegužė
Kotonimaa

birželis
Ayɛwohumumɔ

liepa
Kitawonsa

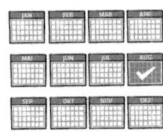

rugpjūtis
Ɔsanaa

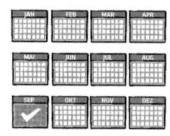
rugsėjis
εbɔ

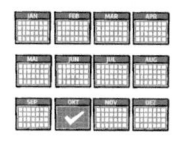
spalis
Ahinime

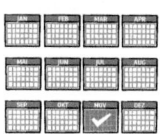
lapkritis
Obubuo

gruodis
pɛnimaa

formos
bɔbea

apskritimas
kanko

kvadratas
ahenanan

stačiakampis
fasene

trikampis
ahinasa

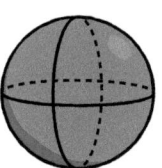
sfera
kanko

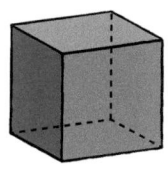
kubas
ahenanan

spalvos
ahosuo

balta
fitaa

geltona
akokɔsradeɛ

oranžinė
akokɔsradeɛ

rožinė
memen

raudona
kɔkɔɔ

violetinė
beredum

mėlyna
bibire

žalia
ahabanmono

ruda
dodoeɛ

pilka
nson

juoda
tuntum

priešingos reikšmės žodžiai
abirabɔ

daug / mažai

bebree / ketewa

piktas / ramus

abufuo / brɛo

gražus / bjaurus

fɛfɛɛfɛ / tantantan

pradžia / pabaiga

ahyɛasee / awieɛ

didelis / mažas

kɛseɛ / ketewa

šviesus / tamsus

ɛhyerɛ / ɛdum

brolis / sesuo

nua barima / nuabaa

švarus / purvinas

ɛho te / ɛfi

užbaigtas / neužbaigtas

wawie / onwieeyɛ

diena / naktis

anopa / anadwo

miręs / gyvas

wawu / ɔtease

platus / siauras

emu bue / emu mmueɛ

valgomas / nevalgomas   piktas / malonus   linksmas / nuobodus
yetumi di / yentumi nni   bɔne / papa   anigyeɛ / w'ani nka

storas / plonas   pirmiausia / paskiausia   draugas / priešas
kɛseɛ / hwea   di kan / ka akyi   adanfo / atanfo

pilnas / tuščias   kietas / minkštas   sunkus / lengvas
ayɛ ma / hwee nnimu   dendenden / mrɛmrɛmrɛ   emu ye duru / emu yɛ ha

alkis / troškulys   ligotas / sveikas   nelegalus / legalus
ɛkɔm / nsukɔm   yareɛ / ahuɔden   ɛnfa mmrakwanso / mmrakwanso

protingas / kvailas   kairė / dešinė   arti / toli
nimdifo / gyimifo   benkum / nifa   ɛbɛn / ɛmu ware

priešingos reikšmės žodžiai - abirabɔ

naujas / naudotas

foforo / dada

niekas / kažkas

ɛnyɛ hwee / biribi

senas / jaunas

panyin / abɔfra

įjungta / išjungta

sɔ / dum

atidaryta / uždaryta

bue / yatom

tylus / garsus

dinn / dede

turtingas / vargšas

sikani / ohiani

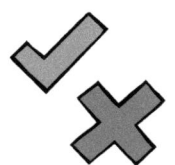

teisus / neteisus

papa / bɔne

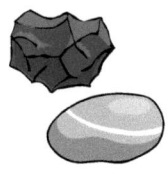

šiurkštus / švelnus

wewerɛwewerɛ / tromtrom

liūdnas / laimingas

awerehoɔ / anigye

trumpas / ilgas

tiatia / tentene

lėtas / greitas

brɛoo / ntɛm

drėgnas / sausas

afɔ / awo

šiltas / šaltas

ɛyɛ hye / adwo

karas / taika

ntɔkwa / asomdwoe

priešingos reikšmės žodžiai - abirabɔ

skaičiai
nɔma

0
nulis
ohunu

1
vienas
baako

2
du
mmienu

3
trys
mmiensa

4
keturi
nan

5
penki
num

6
šeši
nsia

7
septyni
nson

8
aštuoni
nwɔtwe

9
devyni
nkron

10
dešimt
du

11
vienuolika
du-baako

12
dvylika
du-mmienu

13
trylika
du-mmiensa

14
keturiolika
du-nan

15
penkiolika
du-num

16
šešiolika
du-nsia

17
septyniolika
du-nson

18
aštuoniolika
du-nwɔtwe

19
devyniolika
du-nkron

20
dvidešimt
aduonu

100
šimtas
ɔha

1.000
tūkstantis
apem

1.000.000
milijonas
ɔpepe

skaičiai - nɔma

kalbos
kasa ahodoɔ

anglų
Brofo kasa

amerikiečių anglų
Amerika Brofo

kinų (mandarinų)
Chinese Mandarin

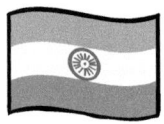

hindi
Hindi

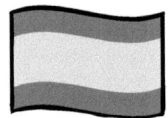

ispanų
Spanish

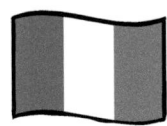

prancūzų
French

arabų
Arabic

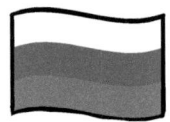

rusų
Russian

portugalų
Portuguese

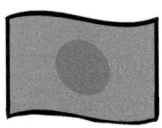

bengalų
Bengali

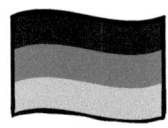

vokiečių
German

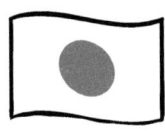

japonų
Japanese

kas / ką / kaip
hwan/aden/ sɛn

aš
me

tu
wo

jis / ji
ɔno

mes
yɛn

jūs
wo

jie
wɔn

kas?
hwan?

ką?
aden?

kaip?
sɛn?

kur?
ɛhefa?

kada?
dabɛn?

vardas
din

kur
hefa

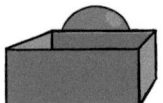

už
n'akyi

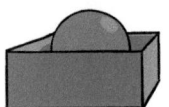

kur (vieta)
ɛmu

priešais
wɔ n'anim

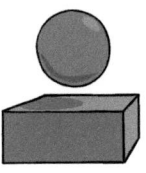

virš
soro

ant
so

po
aseɛ

prie
nkyene

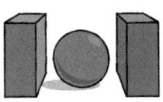

tarp
ntam

vieta
fa hyɛ